諷詩調詩集 · 439

도치통사초 · 9

박진환 제485시집

지성감성의 메타언어
조선문학사시인선·930

諷詩調詩集 · 439

도치통사초(刀治痛史抄) · 9

조선문학사

■ 책머리에

여러 궁리 끝에 시집 제목을 『도치통사초(刀治痛史抄)』로 정했다. 도치(刀治)는 칼로 다스린다 함이니 검찰공화국의 통치쯤이 된다.

정치의 상치(上治)는 도치(道治)나 덕치(德治)쯤이 되고, 하치는 도치나 부치(斧治)와 같은 권력으로 다스리는 것쯤이 된다.

지금 우리는 목하 도치나 부치시대 통치의 다스림 속에서 살아가고 있다. 일종의 힘에 의해 다스림을 수용해야 하는 피지배하쯤이 된다.

소이로 해서 통치라고 하는 시대의 삶을 살아야 하고 그러한 지배하의 삶의 비통한 아픈 현실을 통사(痛史)라고 해둔다.

이를 한마디로 뭉뚱그리면 칼로 다스림을 당하는 아픈 역사의 삶을 '도치통사'라 할 수 있고, 이중 소용될 만한 것을 골라 시로써 읊은 것이니 '도치통사'에 초(抄)를 곁들인 것쯤이 된다.

풍시조는 순수한 통징을 시의 생명으로 하는 악에 대한 고발로서 악의 개선을 통해 선에 이바지하려는 복수의 시쯤이 된다. 일종의 문화적 징벌이자 예술적 엄징으로서 악에 가하는 문화적 통징인 셈이다.

　소이로 해서 겉으로는 강한 공격성을 드러내고 있으나 안으로는 선을 일으켜 세우려는 따뜻한 애정에서 시를 출발시킨 것이 된다.

　이번 풍시조시집 『도치통사초』는 490번째 시집이 된다. 앞으로 10권만 더 추가하면 내 시의 마스터플랜인 500권의 시집을 완간하게 된다.

　개선(改善)의 의도가 시 정신인 풍시조 『도치통사초』가 사회적으로 유용한 것이 되어 악을 일깨우고 선을 일으켜 세우는데 보탬이 됐으면 싶다.

2024년 초추
저자 씀

박진환 제485시집 / 諷詩調詩集 · 439
도치통사초 · 9

차례

책머리에 / 5

2024년 6월 24일
노래에 의지했겠나 / 13
잊어버리고 싶은 것이 많아서야 / 14
노래를 삼키겠나 / 15
맞는 말 / 16
일삼아서 / 17
지옥해일 듯싶어서 / 18
다른 뜻의 개입도 있어서 / 19
위험은 길어서 / 20
거지가 먼저 지나간 꼴 됐겠나 / 21
?가 찍혀서 / 22
될까? / 23

2024년 6월 25일
실리가 열없겠다 / 24
몫이어서 / 25
큰 그릇일 듯싶어서 / 26

그런 사람 있어 / 27
지혜 체득도 / 28
될 수도 / 29
추락할 수도 / 30
→ 다 / 31
연옥 더위 식혀줬으면 / 32
증거 아닐지 / 33
알려서 / 34
어사또도 못 돼 / 35

2024년 6월 26일
상식이어서 / 36
구시대적 발상 / 37
꽉 막혀있을 듯싶어서 / 38
높아지지 않을지 / 39
삐라였데 / 40
암울 / 41
암울의 대명사여서 / 42
회복은 틀린 말 돼서 / 43
있어도 그만 없어도 그만인 비상구 / 44
들어가기 마다해서 / 45
깽깽이 판밖에 더 되겠나 / 46
알아야 / 47

2024년 6월 27일
유여열반 될 수도 / 48
복당(福堂)이 기다리고 있는 중이어서 / 49
안 될지 / 50
코리언이어서 / 51
정도행 돼버려서 / 52
여사님도 되지 / 53
먹칠해서 / 54
?으로 찍혀서 / 55
가로막고 있어서 / 56
비위난정만 일으켜서요 / 57
곰팡내만 / 58
절대로 부패한다 했던데 / 59

2024년 6월 28일
서울이어서 / 60
시력이 0.5로 흐릿해서 / 61
정도(正道) 행인걸 / 62
터지라고 있다는 사실 / 63
비슷하기도 해서 / 64
딱 들어맞아서 / 65
복당살이라데 / 66
왕촌놈 같아서 / 67
양극화 / 68

인정한 상태 / 69
볼 수 있을 텐데 / 70
%란 게 눈뜨고 지켜보고 있어서 / 71
드러난 게야 / 72

2024년 6월 29일
바른길로 가게 한단 뜻이어서 / 73
어린애도 아니고 / 74
꿈이어서 / 75
알아야 / 76
왕들은 대부분 무뢰한이어서 / 77
헛소리 같아서 / 78
주인행세만 하고 / 79
하인이지 / 80
길 아니던가 / 81
가든지 말든지 못 면하지 / 82
삐딱한 국민 눈이어서 / 83
안 그렇던가 / 84

2024년 6월 30일
우수(憂愁) / 85
종신지질이 될 줄이야 / 86
울증이 / 87
그러해서 / 88

태평성대가 아니어서 / 89
일깨워주는 것을 / 90
귀한 몫 아니던가 / 91
어디다 쓰려구 / 92
깨끗할 수 있겠는가 / 93
제멋에 사는 세상이어서 / 94
환장들 해서 / 95
같을 듯싶어서 / 96

2024년 7월 1일
코앞에 했겠나만 / 97
행보 재촉 안 하겠나 / 98
탄핵 청원 재촉해서 / 99
숙성시키지 않을지 / 100
원한 관계나 안 될지 / 101
안 될지 / 102
문제만 있고 답은 없어서 / 103
현실이 아니어서 / 104
견자(見者)여서 / 105
상책일 수도 / 106
그러해서 / 107
뒤집어쓸밖에 / 108
3년 뒤? / 109
그른 것이 없어서 / 110

갈 길 멀고 / 111
먼저여서 / 112

■ 시집 평설을 대신해서_諷詩調에 대한 사계의 견해
三行詩의 안팎_문덕수 / 113
知的調律에 의한 시 意味의 密度와 結晶度_성찬경 / 122
諷詩調의 깃발과 風向_김용직 / 128
박진환의 3행 '諷詩調'에 대하여_최원규 / 131
풍시조 읽기_문효치 / 136
諷詩調에 나타난 형이상시법의 수사법_최규철 / 140

2024년 6월 24일

노래에 의지했겠나

해선가, 웅변은 정신을매혹시키고, 노래는 감각을매혹시킨다는 말이
망각은 만사를 고쳐주고 노래는 망각을 위한 가장 아름다운 방법
했던데, 오죽 잊어버리고 싶은 것이 많았으면 노래에 의지했겠나

잊어버리고 싶은 것이 많아서야

치지망역이라 했던가, 온갖 괴로움, 슬픔·고통·역겨움 등 시름 잊어버리고싶어 노래에 편승해버린 유행가 시대, 유식하겐 대중가요 시대라지만 노래에 반한 게 아니라 잊고 싶은 것이 많아서야

※ 치지망역(置之忘域) : 잊어버리고 생각지 않는다는 말

노래를 삼키겠나

좋은 기억력은 놀랍지만, 망각하는 능력은 더욱 위대하다, 위대한 능력 망각으로 온갖 시름 잊고자한 노래라면 환장해 어쩔 줄 모르는 코리안, 얼마나 잊고 싶은 게 많으면 망각의 마약 노래를 삼키겠나

맞는 말

윤대통령 지지율 20%대에서 턱걸이 두고 자업자득 했데
그 소이를 두고 국정운영의 일방주의와 독선, 통치기반 검찰의 힘
검찰이 부메랑 되어 자신의 위선의 표상화로 보았던데 맞는 말

일삼아서

세상이 온통 오답(誤答)뿐이거나 아예 답이 없는 시대에 맞는 말이면 정답 아니던가, 정답에 값하려면 정도(正道) 협치(協治)뿐인데 오답인 통치, 도치(刀治)만 일삼아서

지옥행일 듯싶어서

윤석열 통치 3년을 두고 '너무나 긴 3년' 했던데
검찰독재, 무능과 불통·독선이 소이, 문제는 지나간
긴 3년이 아니라, 앞으로 겪어야할 3년이 지옥행일 듯싶어서

다른 뜻의 개입도 있어서

'채 상병 특검 추진하겠다'는 한동훈, 당대표 출마의 변만이 아닌
그간 읽은 민심이 제시한 정도행 택한 듯, 문제는 윤대통령의
정치입맛에 따른 개입(介入), 개입 말고도 다른 뜻의 개입도 있어서

위험은 길어서

한국이 우크라이나에 무기 지원을 하면 러는 북에 핵기술을 제공할 위험이 크다, 결과는 위험을 조장할 뿐 얻는 게 없다, 있다면, 오기를 푸는 잠정적 카타르시스, 헌데 카타르시스는 잠깐, 위험은 길어서

거지가 먼저 지나간 꼴 됐겠나

윤석열 대통령 지지율 회복은 '이제 백약이 무효'로 보인다 했던데 정치란 게 치도(治道)가 도치(道治)·덕치(德治) 아닌 도치(刀治) 였기 때문일 듯, 안 그러고서야 거지가 먼저 지나간 꼴 됐겠나

?가 찍혀서

국민 발끊긴 '윤석열표 국민제안' 했던데 '끊긴 국민발갈'이 암시하는 바가 너무 커서, 하나는 등 돌렸다는 뜻, 또 하나는 국민에 의해 피투된 단독자가 됐다는 점일 듯, 외면·낙오·열외에 ?가 찍혀서

될까?

한동훈 전대의 출마의 변 "채 상병 특검 자체 추진"은 좋았는데 "윤정부 살리는 길"엔 갸웃하게 해서, 민주주의와 국가를 살려야지, 윤정부 살리기면 치유법 될까?

2024년 6월 25일

실리가 열없겠다

    국민의힘 버티던 국회상임위원장 수용, 어차피 정치란 게 힘의 대결, 밀리면 지기 마련, 그나마 상위 7석 실리차원에서 수용 헌데 상위란 게 상임위장 자리치곤 하위뿐이어서, 실리가 열없겠다

몫이어서

화성 리튬전지공장 화재로 22명 사망, 그중 20명이 외국인이라데
돈 벌기 위해 위험도 무릅쓴 노동자, 희생은 외국인 몫 같아서, 희생
피해 궂은 일자리 마다하는 무위도식은 내국인 건달들 몫이어서

큰 그릇일 듯싶어서

한동훈이 던진 '자체 특감' 두고 '받을 수도 안 받을 수도 없는
대통령실' 했던데, 받아야 떳떳, 안받으면 기피, 외외탕탕만 즐길일이
아니라 비겁한 회피보다 떳떳한 수용 용기가 큰 그릇일 듯싶어서

※ 외외탕탕(巍巍蕩蕩) : 임금의 지엄함.

그런 사람 있어

큰그릇이면 유식하겐 대기(大器), 대기하면 떠오르는 명구 대기만성(大器晚成)이란 노자의 말, 말씀은 훌륭한데, 기다리고 기다려도 만성은커녕 만단의혹도 못 벗을 듯싶어서, 누가? 그런 사람 있어

※ 만단의혹(萬端疑惑) : 온갖 의혹.

지혜 체득도

여, 국회상임위장 자리 7개 수용; '대통령실과 교감 후' 수용했다데,
독선·오기에서 실리로 옮겨지는 모양세, 정치란 게 독선·오기도
아닌 양보도 하고 실리도 챙기고 그래야 절장보단의 지혜 체득도

※ 절장보단(絶長補短) : 긴 것을 잘라서 짧은 것에 보탠다 함이니
　　　　　　　　　　절충·보충을 두고 한 말.

될 수도

독선·오기·고집·불통 버리고 수용의 미덕 체득했던들 국민들 수모 피했을 것을, 늦은 것이 더 빠를 수도, 남은 임기 지혜 동원 협치 이끌어내면 '이리 더딜 수가에서 '이리 빠를 수가 될 수도

추락할 수도

우크라크림반도에 미국산 미사일 날려 민간인 100여 명 목숨도 날려
요즘 세태란 게 '날리기'가 대수인 듯, 한반도 북녘은 오물풍선
날리고, 남녘은 삐라 날리고, 날리고 날리다 추락할 수도

→ 다

도미노현상이란게 지속되면 그 힘이 소멸되는 것과는 달리 가속화가 붙어 더 강한 힘으로 분출된다. 정치도 예외는 아니어서 한 번 무너지기 시작하면 → 쭉이다. 윤석열 정부의 도미노 표시가 → 다

연옥 더위 식혀줬으면

여당 국회 복귀로 '국회정상화' 기대했던데, 진즉에 복귀했던들
정치과열 연옥은 면했을 것을, 제발 민생 챙기고 미래 여는
법안을 입법해 삽상한 여의도 바람으로 연옥 더위 식혀줬으면

증거 아닐지

요즘 신문에 대한 견해들이 '끝났어'로 통한 것 같다, 대신 시작되는 것이 전자 뉴스매체다, 해선가 신문마다 종이신문이 아닌 전자 뉴스매체를 거느리고 있다. 종이의 운명을 재촉하는 증거 아닐지

알려서

기자는 권력과 팽팽히 대립할 때 전율하듯 흥분의 파장이
진실을 추적하는 에너지원이라 했던데, 옳으신 말씀
헌데 세태는 권력에 편승 현상으로 기레기 시대 알려서

어사또도 못 돼

'어대명', '또대명'이 무슨 소린가 했더니 '어차피 이재명' '대표는 또 이재명' 줄임말이었데, '어, 또야 어떻건 민심 주시해야 민심이반 수권 정당도 불가면 '어, 또가 어사또도 못 돼

2024년 6월 26일

상식이어서

　윤대통령, 북·러 조약은 '시대착오적'이라 했던데, 엄연한 현실 착오가 착각 아니었으면 싶어서, 표현은 달라도 그게 그것 그것이란 것이 이미 정하여져서 서로 이미 아는 것을 가리키는 상식이어서

구시대적 발상

광화문광장에 100m 높이 태극기 게양대 설치하고 서울시 '국민단합
역할' 했던데, 이를 두고 시민단체들 '구시대적발상'이니 '전체주의적
발상'이라고 폄훼, 나라님은 현실을착각으로, 시장님은 구시대적발상

꽉 막혀있을 듯싶어서

대통령 발상은 상식적 판단이고 시장님 발상은 상식에도 못 미치는
낡은 발상, 이리 세상의 깊이가 낮은 발상들이 착각 차원이라니
앞을 내다보는 발상은 꽉 막혀있을 듯싶어서

높아지지 않을지

중 달 탐사선 '창어 6호' 달 뒷면 맨틀 성분이 포함된
암석 채취해 귀환에 성공, 미·소보다 일보 진전 개가
이러다 장골라 콧대 양코배기보다 높아지지 않을지

삐라였데

6.25 74년이 되는 날 날려 보낸 북의 오물풍선 100여 개가 수도권에 떨어졌다데, 며칠 전 탈북단체가 띄워 보낸 삐라에 대응 선물 선물이 아닌 신물 나는 이런 짓거리 원인제공이 삐라였데

암울

고등과학원 이기명 부원장의 중국행 두고 '이 암울한 현실' 했던데 사전엔 암울이란 단어 없어, 희망이 없고 암담함이란 암담과 울적하다는 울울의 합성어 때문인 듯, 희망 없고 울적한 코리아의 현실 암울

암울의 대명사여서

아무리 둘러보아도 희망은 없고 절망만 있는 코리아
하늘에는 태양이나 별이 아닌 삐라와 오물 풍선, 지상에는 화약고
터져 뿜어대는 불기둥, 정치에는 도치·부치가 암울의 대명사여서

회복은 틀린 말 돼서

'분열의 시대, 민주주의의 회복모색'했던데, 회복이냐? 난화난상지라 했던가, 틀린 말 아닐 듯, 건강이 회복된다는 것은 또 다른 병을 가져온다는 것, 틀린 말 아닐 듯, 맞는 말이면 회복은 틀린 말 돼서

※ 낙화난상지(落花難上枝) : 떨어진 꽃은 다시 가지에 오르기 어렵다 함이니
이미 그릇된 일은 다시 수습하기 어렵다는 뜻

있어도 그만 없어도 그만인 비상구

대형화재 사고의 본적지 아리셀 비상구 없었다 했던데 비상구란 게 위급사항 피하기 위해 마련해둔 출입구인데, 그런 구실 했다는 비상구 들어본 적이 없는, 있어도 그만 없어도 그만인 비상구

들어가기 마다해서

대통령은 지지층 결집 포섭 위해 TK 방문
여당 당권자들은 강성 보수층 끌어안기 위해 '핵무장론'
소 잃고 외양간 고친다 했던가, 고친들 소가 들어가기 마다해서

깽깽이 판밖에 더 되겠나

국회 원구성에는 가까스로 성공했데만, 상임위마다 삿대질에 고성
국회란 곳이 조용히 머리 맞대로 협상자리 마련해야 하는데
삿대질이나 하고 꽥꽥 소리나 질러대서야, 깽깽이 판밖에 더 되겠나

알아야

깽깽 깨깽깽, 몽둥이질 당했거나 발길에 차여 짖어대는 소리
주인 무서운 줄 알아야, 주인 손에 몽둥이만이 아닌 탄환이라는
방아쇠도 쥐고 있다는 사실도 알아야

2024년 6월 27일

유여열반 될 수도

4월 출생아수 9년만에 반등, 결혼도 25% 껑충 뛰어올랐다데 시절이 좋아졌나? 코로나로 병들었다 위축된 정신 찾아 여유로워졌나 그래, 여유란 게 옳게하나 거꾸로하나 정신 차리면 유여열반 될 수도

※ 유여열반(有餘涅槃) : 살아있을 동안에 증득(證得)하는 열반이란 뜻의 불교 용어.

복당(福堂)이 기다리고 있는 중이어서

열반이란 게 도를 완전히 이루어 일체의 중고(衆苦)와 번뇌를 끊고 들어서는 해탈의 경지 아니던가; 불교식으로 풀면 고해를 도강했단 뜻인데, 정치적으로 풀면 복당이 기다리고 있는 중이어서

안 될지

서울시가 광화문 광장에 높이 100m의 태극기 게양대를 세운다던데 '시민들의 애국심 함양과 자긍심 고취'가 명분, 세우면 높기는 하겠네만 좌우로 펄럭일 깃발이 싫어싫어 부정의 손사래나 안 될지

코리언이어서

태극기가 '애국심 함양과 자긍심 고취'라면 애국가는 '애국심 함양과 자긍심 고고취'되겠네만 애국가 가사도 모르면서 유행가는 100곡쯤 부를 줄 아는, 함양·고취보다 감각 쾌감 즐기는 게 코리언이어서

정도행 돼버려서

'앞으로 앞으로 가지 않는 사회' 했던데 앞으로 나아갈 길이 있어야
불통으로 길 단절된 지 오래이고, 정치 퇴행으로 뒷걸음친 지도 오래
허니 앞걸음질 퇴행하고 뒷걸음질이 정도행 돼버려서

여사님도 되지

'5000원만 주면 키스해주는 놈' 했던데, '놈' 있으면 '년'도 있기 마련
그런 년 있으면 5만원 줄게 나와봐, 없다고? 그래야제
그래야 '년' 면해 공주님도 되고 여사님도 되지

먹칠해서

'내 편만 애국이라는 배타적 정치가 민주 체제 무너뜨린다' 했데
그걸 모르는 민주시민도 있을까? 앞면서도 '내 편만
내세우는 애국이란 가면의 민낯이 애국의 참모습에 먹칠해서

?으로 찍혀서

분열의시대, '다양성과 포용이 희망이다'는 상식, 문제는 상식 이상을
제시해야 하는데, 포퓰리즘·정치 양극화와 같은 민주주의 위협하는
상식적 지적만 내놔서, 희망에 찍힌 방점이 ?으로 찍혀서

가로막고 있어서

위기의 민주주의 해법 제시자들 연대·협력정신, 갈등과 혐오 헤쳐나갈
통찰력', 정치적 다양성, 시민참여, '초협력 절실' 등 대안 제시, 헌데
대안(代案)이란 게 대안(對岸)이라 해도 고해가 가로막고 있어서

비위난정만 일으켜서요

윤 대통령, '정신건강 정책 대전환 선언' 했데만, 글쎄요
'그릇이 맑지 않으면 무엇을 넣어도 시어진다' 했데요
정치가 맑지 않으면 정신도 시어져 비위난정만 일으켜서요

곰팡내만

정신을 혼의 공기라 했던데 혼이 귀양 갔거나 저당 잡힌 시대
혼이 있어야 숨을 쉴 텐데 숨통 죈 지 오래이고, 행복을
영혼의 향기라 했던데 영혼 그 지경이니 욱복은커녕 곰팡내만

※ 욱복(郁馥) : 훌륭한 향기.

절대로 부패한다 했던데

곰팡이란 게 부패에 기생하는 하등균류 아니던가, 시대는 물신물씬 썩어가는 물신시대, 곰팡이의 세상 된 지 오래, 정신·정치라고 온전하겠나, 권력은 부패한다 절대권력은 절대로 부패한다 했던데

2024년 6월 28일

서울이어서

서울 폭염일수 30년간 736% 폭등, 세계 도시 중 증가세 최고라데
뒤지곤 못사는 오기, 서울이라고 다르겠는가, 악마적이미지일지라도
최고면 얼씨구, 최하보다는 자랑스러워하는 것이 서울이어서

시력이 0.5로 흐릿해서

연 2조원 이상 드는 유치원과 어린이집 통합을 들고 나왔겠다
헌데 연간 최소 2조원 이상의 재원이 필요할 것으로 예상, 문제는
예산이 아니라 재원 마련에 대한 안(眼)의 시력이 0.5로 흐릿해서

정도(正道) 행인걸

야 5당, 김홍일 방통위원장 탄핵소추안 발의한 모양이던데
걸림돌 하나하나 치우기에 들어간 듯, 힘 뒀다 어디에 쓰겠나
가는 길 가로막는 바윗덩이면 치우고 가는 것이 정도 행인걸

터지라고 있다는 사실

북의 탄도미사일 놓고 북은 '탄도분리', 군은 '공중폭발
견해 엇갈려, 실패건 성공이건 따져봤자 결론은 없어, 있는 것은
공중폭발이건 명중폭발이건 미사일은 터지라고 있다는 사실

비슷하기도 해서

채 상병 특검, 찬반 논쟁 무의미, 구체적 방법으로 대체해야 했던데 구체적방법이란게 '진실규명'인데 그 규명이란게 윤대통령의 임성근 해병대1사단장의 구명에 들어있을듯, 규명과 구명이 비슷하기도해서

딱 들어맞아서

돈 없어 감옥에 끌려가 복당신세 못 면한 사람이 5만 7267명이라데
벌금형이면 돈으로 때우라는 판결인데, 죗값 치를 돈이 없으면
끌려가는 복당, '가난이 죄'란 말 딱 들어맞아서

복당살이라데

돈 있었던들 감옥에 갇혀 수인번호 붙였겠나, 돈이 없어 감옥살이
못 면했으니 결론은 '가난이 죄', 빈 나라 곳간 채우려고
벌금형 쏟아냈는데 몸으로 대신하는 것이 복당살이라데

왕촌놈 같아서

Seoul, 국제도시 된 지 오래, 세계인 최고 코리아의 Seoul
모르면 촌놈이지, 헌데 그 잘난 Seoul이 '폭염증가 1위' 도시라데
이걸 모르면 촌놈도 왕촌놈, Seoul놈들 90%는 왕촌놈 같아서

양극화

모기가 사라지면 초콜릿도 사라진다데, 카카오꽃의 열매맺기촉매작용 모기 몫, 헌데 모기잡기에 필사적인 문명, 문명의 대명사 초콜릿과 원시의 대명사 모기, 하나는 피를 만들고 하나는 피를 빨고 양극화

인정한 상태

'격노설'이 무슨 말인가 했더니 채 상병 수사를 두고 대통령이 터뜨린 분노였다는데, 헌데 대통령실은 "격노는 없었다"에서 격노는 채 상병 수사권을 두고 벌이는 작태에 대한 분노였다고 인정한 상태

볼 수 있을 텐데

이번엔 국민들이 '격노'해야 할 때, 헌데 현명한 국민들은 소리치지 않고 말없이 대통령 지지율 20%대로 묶어논 묵시적 '격노' 이걸 배워야 하는데, 그러면 쑥쑥 오르는 것도 볼 수 있을 텐데

%란 게 눈뜨고 지켜보고 있어서

"그게 뭔데?" 저리 비켜 그런 게 있어, 부패할수록 쑥쑥 오르는 쑥대밭도 있고, 부패를 먹을수록 쑥쑥 오르는 막대그래프도 있고 그것이 정치 잣대, %란 게 눈뜨고 지켜보고 있어서

드러난 게야

'격노'란 게 무식하게 풀면 '성내다', '성내다'를 달리는 '노하다'로
풀지, 헌데 노(怒)하다가 노(露)하다도 돼 장소가 깊숙한 맛이 없어
바라져서 겉으로 노출되다도 돼서, 노(怒)하다로 드러난 게야

2024년 6월 29일

바른길로 가게 한단 뜻이어서

고금을 막론하고 정치란 게 정도행 벗어나기 마련이었던 듯
정치의 바를 정(正)자에 칠 복(攵)자를 곁들인 소이, 잘 못 행하면
소격(小擊)이란 뜻이니 매질해 바른길로 가게 한단 뜻이어서

어린애도 아니고

요즘 정치권 봐, 국민들로부터 덕지게 터지고 있잖아
여야를 막론하고 매를 맞고 있는 중이거든, 얼마나 잘못하면
칠 복(攵)자 회초리 삼아 달지유혈 저지르겠나, 어린애도 아니고

※ 달지유혈(撻之有血) : 매를 맞아 종아리에 피가 흐름.

꿈이어서

국회란 것도 그래, 하루도 싸우지 않는 날이 없으니 무슨 닭장인가 닭장이면 그나마 양반, 진흙탕밭 이전투구 못 면해서, 질러대느니 킹킹(king king) 왕왕(王王)뿐 아니던가, 허긴 우두머리가 꿈이어서

알아야

왕이란 게 왕(王)되고 유식하게 킹(king)도 되지만
말이나 소의 걸음을 멎게 하는, 사투리론 와도 돼서
그 고삐란 게 국민들 손에 들려 있다는 걸 알아야

왕들은 대부분 무뢰한이어서

헌데 국민들 몰고가는 고삐 자신의 손에쥐어져있다고 생각하는 것이 왕이어서, '짐은 국가'라면서 외외탕탕, 해서 하는 말, 모든 전제군주는 인간을 먹는다 안 했던가, 왕들은 대부분 무뢰한* 이어서

※ 미국의 작가 M. 트웨인의 말.

헛소리 같아서

선을 행하고 악을 듣는 것이 왕의 일이라 했던데, 우리 생각관
다른 것 같데, 선 외면하고 악을 토해내는 것이 왕 같아서
뿐인가, 선량한 왕은 공복(公僕)이란 말 헛소리 같아서

주인행세만 하고

공복이란 게, 국가나 사회의 심부름꾼 공무원 아니던가, 국민의 녹으로 먹고사는; 헌데 왕이 국민을 먹여 살리는 것처럼 행세하는 것이 이 땅의 왕이어서, 심부름꾼이면 머슴인데 주인행세만 하고

하인이지

머슴이면 유식하게 하인, 무식하겐 노예, 유식·무식 따질 것 없어
도치(道治), 덕치(德治)로 다스리면 상치(上治)여서 상인(上人)
도치(刀治), 부치(斧治)로 다스리면 하치(下治)여서 하인이지

길 아니던가

소도 길 잘못 들면 '어디여' 한마디에 제 길로 들어서는데
이 땅의 정치는 고함치고 삿대질하고 제대로 가라고 소리쳐도
마이웨이만, 마이웨이가 단독자행, 독선·독재와 같은 길 아니던가

가든지 말든지 못 면하지

함께 가도 팍팍한 앞이 내다보이지 않는 절망의 길을 구도행도 아닌 단독자행이면 외롭지, 길도 동행으로 따라줘야 친구 따라 강남 가는데 따르는 이 없이 홀로행이면 가든지 말든지 못 면하지

삐딱한 국민 눈이어서

외면이면 상대하지 않고 얼굴을 돌려버림 아니던가, 바꿔 말하면 상대하기싫거나, 싫어 외톨이를만들거나 열외취급, 이성끼리면 결별 친구끼리면 왕따, %로는 지지율 하락, %가 삐딱한 국민 눈이어서

안 그렇던가

정치 바르게 하면 사시(斜視) 찾아볼 수 없어, 잘하는데
흘겨볼 이유가 없거든, 헌데 도치(刀治) 부치(斧治)는
째려보는 사시 못 면하게 해서, %의 삐딱눈이 안 그렇던가

2024년 6월 30일

우수(憂愁)

6월이 끝나자 장마가 시작됐다, 시작이 있으면 끝이 있고
끝이 있으면 시작이 있기 마련, 헌데 시작도 끝도 없는 것이 있다
비에 젖으면 우수(雨愁), 시대에 젖으면 우수(憂愁)

종신지질이 될 줄이야

우수는 일종의 우울증, 우울증을 타인에대한 장기간의 계속적인분노
비난과 같은 것이라 했던데 맞는 말일 듯, 분승분노 못 면했더니
고질병이 돼버린 울증의 종신지질이 될 줄이야

※ 불승분노(不勝忿怒) : 분노를 참지 못함.

울증이

 지혜가 많으면 분격(憤激)이 많다 했던가, 이치로 따지면 지혜가 많을수록 분노도 많다는 뜻, 이치 이어보면 지혜와 우울은 동류항이란 뜻, 해선가, 소크라테스, 플라톤 등 큰 인물이 앓았던 울증이

그러해서

많은 사람들 중 우울한 사람이 가장 재담을 잘한다 했던가 아리스토텔레스는 우울증을 지녔던 인물, 우울증이 지혜와 동격이면 재담을 잘할 수밖에 없었던 소이, 아리스토텔레스가 그러해서

태평성대가 아니어서

태평 시엔 비가 와도 흙덩일 깨뜨릴 만하게 굵게 오지 않고 열흘에
한 번씩 오는 비도 꼭 밤에만 온다 했던데, 한반도의 비는
주말이면 쏟아져 방청내기 일쑤, 태평성대가 아니어서

일깨워주는 것을

우계 탓하지 말 것이 땡볕으로 가슴 말려버리면 땀
짜증밖에 더 나겠나, 우계 있어 마른 가슴 적셔주니
멜랑콜리, 그리움 일깨워주는 것을

귀한 몫 아니던가

비정의 시대, 가슴 말라버려 정 뿌리내길 곳 없으니
물씬물씬 썩어 문드러져 가는 비곗덩이 육신만 살찔밖에
아직 가슴 살아 있어 그리는 정이면 귀한 몫 아니던가

어디다 쓰려구

인비목석이라 했던가, 돈목지의라 했던가, 지금은 물신시대
정이 발 붙일 곳 없으니 어찌 삭막하지 않겠으며 다정인들
있겠는가, 물신의 육덕(肉德)만 살찌면 어디다 쓰려구

※ 인비목석(人非木石) : 사람은 목석이 아니라 함이니 누구나 정을 가지고
있다는 뜻
※ 돈목지의(敦睦之誼) : 정이 두텁고 화목함을 이르는 말

깨끗할 수 있겠는가

일신진구라 했던가, 세상이 썩어 문드러졌는데 어찌 인간인들
더럽혀지지 않겠는가, 속진과 속구, 몸뚱이뿐이겠나
육신이 그 지경인데 어찌 정신인들 깨끗할 수 있겠는가

※ 일신진구(一身塵垢) : 한몸에 묻은 먼지와 때라 함이니 세속에 더럽혀진
몸을 일컫는 말.

제멋에 사는 세상이어서

세사난측(世事難測), 세상일이 하도 변천이 심하여 이루 측량할 수 없다는 말이다, 이를 두고 옛분들 시이사왕이라고도 그런가 하면 부달시의도, 각자도생이 제멋에 사는 세상이어서

※ 시이사왕(時移事往) : 세월이 흐르고 사물이 변함.
※ 부달시의(不達時宜) : 아주 완고하여 시대를 따른 변통성이 없음.

환장들 해서

유행은 도저히 못 볼 정도로 추악한 외모를 하고 있기 때문에
6개월마다 바뀌지 않으면 안 된다. 헌데 좇는 이들은 유행이
최고의 미모인 줄 알고 닮고자 환장들 해서

같을 듯싶어서

자피생충이라 했던가, 요즘 정치판 보면 떠올리게 하는 말이어서
여야야 그렇다 치고, 한 집안에서 싸우는 꼴 꼴불견 아니던가
나라가 스스로 갈라져 싸우면 나라가 서지 못한다와 같을 듯싶어서

※ 자피생충(自皮生蟲) : 가죽에 좀이 나서 가죽이 다 없어지면 이에 따라
좀도 살 수 없게 된다 함이니 한 집끼리와 싸움을 이르는 말

2024년 7월 1일

코앞에 했겠나만

윤대통령에 대한 탄핵 청원이 70만 명이 넘어 곧 100만명에 이를 것이란 전망이데, 전망이 이래서야 허긴 앞 내다볼 줄 알았던들 탄핵 코앞에 했겠나만

행보 재촉 안 하겠나

미, 바이든·트럼프 토론 결과 바이든 수세 못 면해, 이 틈새
트럼프가 지켜만 보겠나; 토론 우세 여세 몰아
화이트하우스 입성 위해 우세·여세 앞세워 행보 재촉 안 하겠나

탄핵 청원 재촉해서

윤대통령, 이태원 음모론 발언에 시민들 부글부글했던데
부글부글 끓어오르면 발효 촉진, 숙성도도 높아져, 그게
지지율이면 좋았을 걸, 탄핵 청원 재촉해서

숙성시키지 않을지

부글부글, 국민의힘 귀엔 안 들리고, 민주당 귀엔 뿌글뿌글로 보청기 낀 듯 확성기소리로 들려서, 귀란 게 불리하면 못 들은 척 유리하면 부풀려 듣기 마련, 그러다 탄핵여론 숙성시키지 않을지

원한 관계나 안 될지

국민의힘 한동훈 '원희룡은 탈당했던 쟈', 원희룡은
'한동훈은 배신쟈', 싸울수록 치부만 드러낼 판, 그러다
원희룡·한동훈 이름은 빼고 성만 취해 원한 관계나 안 될지

안 될지

북한 고위 간부들 '김정은 배지, 공식 부착' 두고 이러쿵저러쿵
한목소리는 '우상화', 김일성·김정일·김정은 3대
우상화면 우상숭배의 우상교(偶像敎)나 안 될지

문제만 있고 답은 없어서

불안을 이길 수 있는 사람은 '없다'에 약은 '있다'고
약이야 한둘이겠나; 백가지 약이면 뭘해, 불안 이완·해소해
치유되는 약이냐? 아니냐?가 문제지, 문제만 있고 답은 없어서

현실이 아니어서

국민연금, '부작용 없는 완벽한 근본적 대책은 없다' 했던데 연금 뿐이겠나, 생명을 살리는 약도 효험보다 부작용이 더 많아 알고는 못 먹어, 완벽이란 가정이나 이상일 뿐 사실이나 현실이 아니어서

견자(見者)여서

시민운동, '양당구도 그 바깥을 바라봐야' 했던데, 바깥이면 안에 대응되는 외면이나 외양·외부가 아니던가, 제 안도 못 보면서 밖이랴, 안팎을 다 볼 줄 아는 육안·심안 함께 지녀야 견자여서

상책일 수도

감정지와라 했던가 정중와(井中蛙)라 했던가
견문이 좁은 우물 안 개구리라 함이니 세상에 까막눈이란 뜻
세상 안단들 무슨 수로 세상에 답해, 모르는 편이 상책일 수도

※ 감정지와(坎井之蛙) : 우물 안 개구리란 뜻으로 견문이 좁음을 이르는
순자(荀子)의 말.

그러해서

아무것도 모르면 서 안체하며 상책(上策) 외면하고 하책(下策)만
통치수단인 상치 외면하고 하치로 다스림이 그러하지 않던가
상치인 도치·덕치 외면하고 도치(刀治)·부치(斧治)가 그러해서

뒤집어쓸밖에

'2년 연속 세수펑크에도 부자감세 타령만 하는 여권'
'대통령 이태원 참사 조작 가능성 여당특조위 나몰라라', 지적하느니
여당 잘못만, 허긴 잘한 것이 없으니 못한 것 뒤집어쓸밖에

3년 뒤?

대통령 격노, 이태원참사·김건희 여사 명품백, 다 실체 없다
팔이 안으로 굽지 밖으로 굽나, 상식도 못 되는 것을 두고
왈가왈부, 참 시끄럽다, 조용할 날은 언제? 3년 뒤?

그른 것이 없어서

정부, 여소야대 국회와 소통할 정무장관 부활 추진했던데
장관 없어 소통 못했나? 또 전략기획부도 신설한다던데
구화투신, 옛분들 말씀 그른 것이 없어서

※ 구화투신(救火投薪) : 불을 끈다고 급한 김에 장작을 던진다 함이니 불을 끄려다 되레 불길만 키운단 뜻으로 근본 대책 없이 서두르다 화만 더 키운다는 뜻

갈 길 멀고

채상병 사건, 이종섭에 걸려온 800-7070 전화 발신자 누구냐?에
정진석 대통령 비서실장 '국가비밀', 편법이 너무 많아, 시행령과
거부권이 그렇고, 국가비밀이 그렇고, 고고고(go)인데 갈 길 멀고

먼저여서

채상병 특검법, 이르면 오늘 처리한다던데 통과되면 뭘 하나
'거부권' 뻔한 것을, 탄핵여론 앞두고 고민할 거라고?
고민이 뭔데, 우선 급한 발등의 불이 먼저여서

■ 시집 평설을 대신해서_諷詩調에 대한 사계의 견해

三行詩의 안팎

문덕수(전 예술원 회원)

1.

박진환의 三行詩Ⅷ『諷詩調』를 읽고 느낀 바가 많지만 다 말할 수는 없을 것 같다. '諷時調'라고 하지 않고 '諷詩調'라고 한 것은 '시조(時調)'와는 다른 장르임을 말하는 것이 분명하고, '풍조시(諷調詩)'가 아니라 '풍시조(諷詩調)'라고 한 것은 이와 유사한 다른 장르명의 어순을 따를 필요가 없음을 암시한 것 같다. 어쨌든 '풍시조(諷詩調)'는 다른 누구의 것도 아닌, 바로 박진환의 장르다. 그가 풍시조의 시조요, 창업자다.

'풍시조(諷詩調)'의 '풍(諷)'은 '풍자(諷刺, satire)'일까. '풍유(諷喩, allegory)'일까(諷諫, 기자(譏刺)라는 말도 있다). 풍(諷)은 '言十風(음)'으로 된 글자인데, 떨리는 소리로 낭독하는 것을 풍송(諷誦)이라고 하고, 바람이 나뭇가지나 이파리를 흔들듯이 사람의 마음을 움직이는 것을 '풍(諷)'이라고 한다. '풍자'는 후자에 해당한다. 그러나 이러니저러니 따질 필요는 없다. '시작품' 자체가 시론이기 때문이다. '풍시조'의 정체는 박진환의 작품에 있다고 하겠다.

> 달콤한 오수 깨며 띠리링 울리는 벨소리 속 목소리
> 기막힌 부동산 정보 전해 드리려고요
> 너나 기막히세요, 난 귀 열고 매미소리나 벗하리니
> ―「귀 열고」

  IT매체들(휴대전화 등)을 통해 부동산 중개업자(복덕방)의 이러한 극성스러운 메시지는 시민들이 역겹도록 경험하고 있는 현실이다. 시도 때도 없는 각종 정보 발신에 시민들이 무방비 속에 시달리는 것은 정보공해라고 할 수 있다. 이 시는 요즘의 이러한 부동산 시장의 상황과 정보공해가 전제되어 있고, 이러한 상황을 어느 정도 공유하고 있는 독자에게만 공감이 절실할 것이다. 풍자건 유머건 간에, 독자의 다양한 지적 교양이 전제된다는 점에서 지성적 활동이라고 할 수 있다 (박진환을 '주지시'의 계열의 중요시인으로 보는 것도 이 때문이다).

2.
  왜 3행시일까. 20행, 30행의 장시나 산문시면 안 되는가. 초·중·종장과 같은 3행이지만, 시조의 율조와는 관계가 없다. 종장 '3·5·4·4'와 같은 율조도 지킬 필요가 없다. 음보와도 관계없다. 시조의 3행과 같다는 말도 사실상 넌센스다. 그럼에도 3행시로 한 뭔가의 이유가 있지 않을까. 앞에 든 「귀열고」에서 여러 가지 장치를 전지(剪枝)하고 3단논법의 뼈대만 추려 본다.

> 남을 괴롭히는 전화는 받기 싫다(대전제)
> 요즘의 부동산 정보전화도 사람만 괴롭힌다(소전제)
> 그러므로 내게 그런 전화하지 말라(결론)

이와 같은 논리소('화소'라는 말이 있지만 '논리소'라고 해둔다)로 환원시켜 놓고 보면, 「귀열고」는 3단논법의 시상 전개임을 어느 정도는 이해할 수 있다. 상황 제시(대전제, 제1행), 권유나 권고(소전제, 제2행), 거절(결론, 제3행)로 된 3단형이나 구문면에서는 문답형이다. 3단 논법이란 2개 이상의 전제를 제시하고, 거기서 결론을 도출하는 추론형식이다. 2개든 3개든 2행으로 전제를 제시하거나 열거하고, 논리 진행의 반전, 좌절, 총합 등으로 결론을 도출하게 되면 '3단형'이 되지 않을 수 없다. 또 구문상의 '문답형'으로 본다고 하더라도 물음과 답이 각각 1행씩 합해서 2행이 되고, 물음과 대답을 성립하기 위한 전제적 상황 제시가 1행을 차지하면, 이 또한 3행 형식을 취하게 된다.

> 돈 많은 세상에 돈 없이 배고파하는 꼴이나
> 물난리에 물이 없어 목말라 하는 꼴이나
> 사람 중에 사람 없어 정치공황 부황든 꼴이나
> ―「꼴이나 꼴이나」

「꼴이나 꼴이나」도 3단형이긴 하나 논리의 극적 국면(반전, 좌절 등)이 약한, 즉 편평(扁平)한 3단형이다. 더 정확하게 말하면 전제만 3행으로 열거되고 결론이 없는(결론은 독자의 몫으로 남겼다.) 일종의 '나열형'이다. 틀(뼈대)을 추려보면 "풍족 속의 굶주림은 꼴불견이다(제1행), 홍수 속의 갈증은 꼴불견이다(제2행), 인재 귀한 정치 공황은 꼴불견이다(제3행)"의 3단형인데, 대전제 · 소전제 · 결론 형이 아니라 단지 전제의 3행 나열에 지나지 않고, 이러한 나열을 총합한 결론은 독자에게 맡겨져 있다. 구문상으로는 '꼴이냐'가 각행의 끝말로 반복(세 번 반복)되는데 귀납형의 방식이라고 할 수 있다. 대전제를 먼저 제시하는 3단 논법형과는 다르다고 하겠다. 3단형이라고 하더라도 여러 가지 성질의 형식이 있으므로, 여기서는 변죽만 건드려본 정도로 그치겠다.

3.
 다음엔 실제 작품을 조금 음미해 본다. 「귀열고」는 「夏夜」와 더불어 박진환의 풍시조 중에서 가장 재미있는 작품인 것 같다. 전형적인 작품이라고 해도 괜찮다.
 '기막히다'의 활용형(기막힌, 기막히세요)은 문답의 '고리' 역할을 한다. 부동산중개업자와 시적 주체도 연결시켜준다. 그런데, 대답 부분(제3행)의 '기막히세요'라는 '고리'에는 '기막히다(어떤 일이 하도 어이없거나 엄청나서 질릴 정도이다와 같은 부정적 성질의 의미와, 어떻다고 말할 수 없을 만큼 좋거나 정도가 높다와 같은 긍정적 성질의 의미가 공존한다)와 '귀(耳) 막히다' 등의 의미가 공재해 있고, '귀 막히다'는 뜻의 말은 짐짓 잘못 알아들은 것으로 되어 있다. 이 풍시조의 재미는 '기막히세요'라는 고리에 내재된 다채로운 뉘앙스의 삼중 겹침에 있는 것 같다. 여기에 "너나 기막히세요"라는 독백 형식의 대답에는 "너나 잘하세요"(영화 「친절한 금자씨」의 주인공이 한 말)도 연상되고, 더 지적으로 민감한 독자라면 "사또님 말씀이야 다 우습지"나 "사돈네 남의 말 한다"와 같은 속담도 연상하게 될 것이다. 또 2인칭 대명사 '너'와 높임말인 '기막히세요'는 존대법상 일치하지 않는다. 이러한 문법적 불일치도 미적·풍자적 효과에 한몫 더한다. 말하자면 독자의 지적 수준에 따라 그 웃음과 재미가 증감된다. 아마 이러한 시적 장치의 전부를 담아 뭉뚱그리기에 적합한 가장 간결한 형태가 3행시가 아닐까도 생각된다.

>F킬라를 뿌리듯 이발사가 내 머리에 스프레이를 분무한다
>내 머리를 모기나 파리 대가리쯤으로 아는 모양이다
>하긴 싹싹 손 비비고 남의 피나 핥았으니 그럴 법도 하지
>— 「이발소」에서

 전제가 되는 부분의 열거를 1행, 2행에 배당하고, 그 전제를 근거로 제3행에서 결론을 도출한 3단형이다. "이발사가 내 머리에 스프레이를 뿌린다(제1행), 나를 모기나 파리로 간주하는 것 같다(제2행), 아첨하고 착취했으니 이발사의 행위는 당연하다(제3행)"는 것이 이 풍조시의 뼈대다. 추린 논리소다. 그러나 이 논리 속에는 의도적 곡해(曲解)와 사회를 향한 우회적 공격이 숨어 있다. 논리 속에 숨은 이 장치의 이해가,

이 풍시조 수용의 전제가 된다.

특히, "싹싹 손 비비고 남의 피나 핥았으니"에서, 1인칭(모기나 파리의 1인칭)인 '나'의 비하(卑下)를 통해서 파리나 모기와 다를 바 없는 자신이 바로 사회의 무고한 사람들에 대한 침입자나 가해자였음을 폭로한다. 자기가 바로 풍자의 칼날에 희생되어야 할 대상이며, 자신의 비하가 공격과 비판을 위한 칼날 갈기의 전제라는 아이러니를 본다. 일종의 도회(韜晦)의 비늘이라고 할까. 새디즘과 매저키즘은 동전의 양면이라는 심리분석도 이 경우에 해당될지?.

> 夏! 정말 덥다, 夜! 시원하다
> 夏夜보다 더 신나고 시원한 것 없을까
> 없긴 왜 없어, 下野란 말 있잖아
> ―「夏夜」전문

「夏夜」는 문답형 중의 자문자답형이다. 독백형 자문자답이다. 두 개의 전제에서 의외의 결론을 끌어낸 3단 형태라고도 할 수 있다. 제1행의 대전제가 그 다음의 소전제와 결론인 대답을 가능하게 해준다. 어쨌든 '夏夜'라는 펀(pun)과 더불어 박진환식 풍자와 해학의 가장 돋보이는 전형적인 시다. '夏夜'에 내포된 골계미와 풍자성을 분석해 보자.

'하야'라는 시니피앙에는 1)계절로서의 夏夜, 2)'하! 야'라는 반응의 감탄사, 3)하야(下野)라는 시니피에가 겹쳐 있다. 반복하면 시니피앙의 한 덩어리 속의 세 시니피에가 꼬리를 물고

꼬여 메비우스의 띠처럼 회오리친다. 특히 '하야(夏夜: 下野)'라는 말이 지닌 풍자성이 시 전체(1행, 2행, 3행)에 삼투되어 방사(放射)한다. 웃음 속에 감추어진 칼날을 보는 것 같아 섬찍하다.

4.
끝으로 풍시조 1편과 외국의 우화 1편을 비교해 볼까 한다. 대상은 둘 다 '중동(中東)'이다.

> 열사의 불 먹고 사는 탓에 제 버릇 못 버려 즐기는 불장난
> 석유까지 불을 뿜어대니 연일 불바다지
> 얼음을 먹어야 식히는데 中東엔 仲冬이 없으니
> —「仲冬이 없으니 · 1」

이것은 일종의 '편'이다. 「夏夜」에 비하면 편의 구조도 퍽 단순한 편이다. 페르시아만(아라비아만)의 해변에 '개구리' 한 마리가 햇볕을 쬐고 있는데, '전갈(scorpion)'이 와서 바다 건너 저쪽 언덕까지 등에 태워 건너달라고 부탁한다('전갈'은 몸속 독낭에 못 모양의 독침이 들어 있는 동물이다).

"싫어. 넌 전갈 아냐. 날 찔러 죽이려고"
"바보 같은 소리" 내가 찌르면 너도 죽지만 나도 익사하지 않는가. 잠시 생각한 끝에 개구리가 말한다.
"그렇군. 그럼 내 등에 올라타"

전갈을 등에 태운 개구리가 아라비아 바다를 건너기 시작한다. 바다 복판쯤에 왔을 때, 전갈은 갑자기 독침을 꺼내어 개구리를 찔러 버렸다.
"왜 이래?"
전갈이 대답했다. "여긴 중동(中東)이야."

유머지만, 이것은 '우화'의 형식을 취하고 있다(박진환도 '우화' 쪽으로 발전할지도 모른다). '개구리'는 아라비아만으로 관광온 유럽인인지도 모른다. 그러나 이 조크에 등장하는 '전갈'과 '개구리'의 본의(本義)가 각각 유럽과 중동 중에서 어느 쪽인가에 따라 작품 전체의 이야기가 달라지고, 공격의 대상도 반대가 된다. 그러면 박진환의 풍시조의 공격 대상은 누구인가. 중동만이라고 할 수 없다. 여기서 해학이건 풍자건 그 속에 감춘 예리한 '날'의 현동화(現動化)가 실은 얼마나 어렵고 미묘한 것인가를 시사한다. 특히 「전갈과 개구리」의 경우, 그 균형(balance) 잡기의 어려움을 실감하게 된다.

나는 오늘의 한국시의 지형도를 그려본 적이 있다. 1)전통과 서정(전통적 서정시), 2)메시지와 관념(관념시, 생태시), 3)이미지와 물리성(언어 이미지시), 4)탈관념의 실험(탈관념시), 5)주지적 처리(주지시) 등이 그것이다. 한국시의 동서남북이라고도 할 수 있다. 우리 시단의 특색 있는 시의 중요한 작품들은 일단 이 지형도로 배열, 배치할 수 있다. 우리 시의 현황이다.

나는 박진환의 최근작(3행의 풍시조)을 주목하면서 '주지시'

의 장르로 보았다. 지금도 나는 이러한 자리매김을 후회하지 않는다. 김춘수는 박진환의 풍시조에 대하여 『하여지향(何如之鄕)』을 쓴 송욱의 '전철'을 밟고 있다고 했지만, 나는 송욱과 '같은 계열'이라고 보지, '전철'이라고는 생각하지 않는다. '풍자의 노끈'으로 송욱과 박진환을 칭칭 묶어 버리는 것도 가능하나, '풍자'가 있는 '주지(主知)의 토포스' 속에 자리한 박진환의 거처가 지닌 의미의 진폭을 이해할 필요가 있을 것 같다. 풍자, 해학, 펀, 아이러니, 비꼼, 조롱 등은 '주지시'의 자원이긴 하나 이것만이 전부는 아니다. 이러한 주지시는 송욱, 김현승, 김광섭 등을 거쳐 김기림(金起林)의 장시 『기상도(氣象圖)』(1936)에 이른다는 사실을 이해한다면, 주지의 여러 가지 자원이 뭣인가를 짐작할 수 있다. 『기상도』가 지닌 주지적 풍부함의 목록을 일일이 확인할 필요가 없을까.

　이야기를 많이 에둘렀다. 다시 「仲冬이 없으니·1」과 「전갈과 개구리」 이야기가 지닌 한 가지 토픽도 주지(主知)가 지닌 여러 가지 목록 중의 하나다. 지성은 억제와 조절에 바탕을 둔 '균형'을 강조한다. 형이상적 존재의 인식, 그 인식이 지닌 초월성의 자기화(自己化)에 의한 시선의 확보, 그 중의 풍자적 시선이 공격 대상을 선정하는 일에 도리없이 참여하는 '균형'은 특히 중요하다. 저울대의 무게와 추가 형평을 이룰 때 '풍자'는 더욱 빛날 것이다.

■ 시집 평설을 대신해서_諷詩調에 대한 사계의 견해

知的調律에 의한 시 意味의 密度와 結晶度
― 『諷詩調』의 창간에 부쳐

성찬경(전 예술원 회원)

 문예지 『풍시조(諷詩調)』가 창간되었다. 때는 2008년 초여름이고, 앞으로 계간지로 계속 발간될 것이라는 예고다.
 문예지라고 했지만, 문예지치고는 매우 특수한 성격을 지니는 문예지다. 우선에 소설은 배제된 시 전문지이지만, 넓은 범위의 시 일반을 싣는 것이 아니라 '풍시조(諷詩調)'란 새로운 시적 유형과 범주에 속하는 시만을 모아서 엮는 시지이니, 이를테면 시단 안에서도 특수 전문지의 성격을 갖는다. 흔히 취미 오락 등을 다룬 잡지에 낚시니 등산이니 바둑 등을 전문으로 다루는 잡지를 보게 되는데, 『諷詩調』는 시 안에서도 독특한 장르만을 대상으로 하는 일종의 전문 시지(詩誌)인 셈이며, 우리나라 시사(詩史)와 시단의 현황이 어언 여기에까지 이르렀는가 하는 감회를 갖게 된다.
 여기에서 좀 더 차분히 『諷詩調』의 출현을 지금까지 키워온 그 뿌리와 수맥을 살펴볼 필요가 있다. 말할 것도 없이 이

『諷詩調』의 근본이 되는 자양적 모태는 박진환 시인이 약 30년에 걸쳐서 전개해온 넓은 의미에서의 지성시(知性詩) 운동이다. 박진환 시인은 이러한 지성시의 구체적인 전개방법으로서 '형이상학시'의 기치(旗幟) 아래, 이른바 변용의 시를 추구해온 것은 세상이 다 아는 바다.

변용의 시도 실은 그 개념의 범주가 좁다 할 수는 없다. 더 구체적으로 말하면 시에서의 위트, 컨시트, 또는 펀과 같은 기법을 활용하여 시의 정서적 구조를 지적 구조로 바꾸고, 그럼으로써 시를 의미의 밀도에서 좀더 경질(硬質)의 것이 되게 하려는 시적 추구를 말한다. 그리고 이것은 그 시적 추구에서 17세기 영국의 '형이상학파' 시인들의 추구와 그 맥이 통한다는 사실도 우리가 알고 있는 바와 같다.

여기에서 박진환 시인의 이러한 시적 추구가 우리 시의 현실적 상황과 어떠한 관계에 있는가 하는 점을 살필 필요가 있다. 현재의 우리 시는 한 마디로 지성이라는 영양소의 결핍 증세가 심한데, 또한 그것을 자각하고 있지도 못하다는 것이 나의 솔직한 판단이다.

시에서 지성이 하는 구실은 일종의 조화 감각이라 할 수 있다. 시가 너무 한 쪽에 치우치는 것을 막아주는 감시의 역할을 하는 것이 바로 지성이다. 그래서 시에서 지적 요소가 부족하면 시가 한쪽으로 치우치는 것을 막지 못한다. 시에서 눈물이 너무 많아진다거나, 지나치게 격정에 사로잡힌다거나 정서의 내용이 너무 가냘퍼진다거나, 또는 지나치게 괴기해진다거나 하는 현상이 모두 지성적 작용의 결핍에서 오는 중후라

할 수 있다.

문예지 『조선문학』을 중심으로 하는 한 무리의 문인들이 문학에서 지성적 구실을 강조하고, 줄기차게 우리 문단에서의 이러한 허점을 보완하고자 한 문학적 공헌에 대한 평가에서 우리는 몰인식과 소극성을 벗어나지 못하고 있는 것이 아닌가 하는 것이 역시 나의 생각이다.

이번에 발간된 『諷詩調』는 박진환 시인이 벌여온 시운동의 더욱 정제된 결정과도 같은 것이며, 이것을 일종의 '문학적 발명'이라 해야 마땅할 것이라는 생각이 든다.

어느 시대에 있어서나 문학의 새로운 양식은 그것이 하나의 새로운 발명임을 의미한다. 그리고 진정한 의미에서의 '발명'이라면, 얼핏 보아 아무리 하찮게 보이는 것일지라도, 거기에는 발명자의 많은 시간과 피땀과 노고가 스며있음을 잊어서는 안 된다. 시에 있어서도 마찬가지다. 시의 새로운 체질과 양식과 장르의 발명이 실은 시인들의 끊임없이 노력하고 추구하는 목표이기도 한 것이다.

'諷詩調'의 출현 역시 결코 하루아침에 이루어진 우발적인 출현이 아님은 말할 것도 없다. 지금까지 박진환 시인이 시도해온 많은 '3행시'와 '諷詩調'가 그 싹이 되어 피어왔음은 물론이다.

『풍시조(諷詩調)』가 갖는 새로운 체질적 특색을 간단히 살펴보겠다. '諷詩調'가 우리 고유의 전통적 시가의 형식인 '시조(時調)'와 체질적 연관성이 있음은 물론이다. 諷詩調의 구성이 3행으로 돼 있는 점이 초중종 3장으로 돼 있는 시조와 일치한다는 것에서도 이 일을 알 수 있다. 원래 시조의 초중종 3장도 시조보다 더 뿌리 깊다 할 수 있는 동양 고유의 한시(漢詩)의 기승전결에서 나온 것임을 우리는 짐작할 수 있다. 4행1련을 기본 단위로 하는 기승전결은 사실 동서고금의 모든 시적 감흥의 기본 틀이기도 하다. 다만 시조의 경우 종장에 해당하는 3장에서는 '전(轉)'과 '결(決)'이 한 행에 압축됨으로써 4행의 경우보다도 더욱 극적 효과와 시의 긴장감을 높여주고 있다.

이와 같이 諷詩調는 시조와 일맥상통하면서도 예술적 감흥을 겨냥하는 데에서는 시조(時調)와 사뭇 다르다. 곧 시조의 시의 뜻을 한자의 때시 '時'에서 글시 '詩'로 바꿔놓은 데서 그 겨냥하는 바를 짐작할 수 있다. 시조(時調)가 그 주제를 시대적 풍습에 맞추려는데 두고 있다면, 諷詩調에서는 시류(時流)를 넘어서는 작품으로서의 시적(詩的) 가치를 높이려는 의도가 숨어 있으며, 이런 점에서 '諷詩調는 이른바 순수시(純粹詩)와도 그 방향을 같이 하게 된다.

'시조(詩調)', 곧 시의 흐름에 또 '풍(諷)' 자가 결합되어 있으니, 이것은 또 어떤 의도를 품고 있는 것일까. 여기에서 '풍(諷)'자는 박진환 시인이 시지의 '창간사'에서도 밝히고 있는 바와 같이 시에 넓은 의미의 풍자성(諷刺性)을 담으려는 의도와 다를 바가 없으니, 이 풍(諷)의 개념에는 시에서 전개할 수 있는 지적 작업 일반의 여러 항목이 두루 포함돼 있으며, 위트, 아이러니, 새타이어, 시니시즘(비꼬움) 등 표현상의 역설적 기법이 종횡으로 등장하게 된다.

그리고 이러한 풍자는 그것이 일종의 지적 응징의 구실을 하게 되는 것이며 이와 같은 응징의 숨은 의도는 바른 사회, 꼴불견인 시류적인 속물(俗物)들이 사라지는 사회, 양식이 통하는 밝은 사회의 출현을 바라보는 것이니, 깊은 뜻에서는 이 풍자의 정신이 곧 인도주의적 염원과도 일치한다는 점을 간과해서는 안 될 것이다.

'諷詩調의 보기로서, 박진환 시인이 전, 현직 대통령을 소재로 풍자한 시를 보려 한다.

>노랗게 노랗게 노자로 시작해서
>나리나리 개나리 리자로 끝나면 무슨 나리게
>개나리, 노노노 무식하긴 노나리지
>―「개나리」

>이명박 대통령 임기 끝나 퇴임하는 날이 2012년 12월 26일
>이날에 맞춰 돌아가는 시계가 이명박 시계란다
>시작이 엊그젠데 퇴임 날 꼽아가며 돌아가는 시계가 있다니
>―「이명박 퇴임시계」

펀과 시니시즘과 새타이어가 2중 3중으로 얽히고 꼬인, 고도로 지적인 시적 작업임을 알 수 있다. 이보다 더 따끔한 응징적 일침이 또 있겠나.

계간지 『諷詩調』는 이제 막 창간되었기 때문도 있겠지만, 아직 동인지의 성격을 완전히 벗지 못한 느낌도 없지 않아

있다. 앞으로 이런 점도 차츰 보완이 되리라 믿어지며, 이 시지가 잘 성장하여 응분의 구실을 하게 될 것을 나는 축원의 시선으로 바라본다. 그렇다 하더라도 일관성 있는 '지성시'에의 헌신과 노고가 정당한 평가를 받게 되는 날이 우리 시사(詩史)에서 언제 찾아올 것인가.

■ 시집 평설을 대신해서_諷詩調에 대한 사계의 견해

諷詩調의 깃발과 風向
– 새로운 시 운동에 대하여

김용직(전 학술원 회원)

　극히 최근에 그 모습을 드러낸 諷詩調 운동에는 두 가지 정도의 전략이 내장되어 있는 듯 보인다. 그 하나가 독특한 형태양식 해석이며 다른 하나가 현실 상황을 향한 예각적 공격의식이다. 명백히 현대 서정시의 서부(西部)를 개척하려는 의욕으로 시도된 이 시운동은 그러나 그 형식을 3장 6구를 원형으로 한 단형시 제작을 바탕으로 하고 있다. 3장 6구의 단형시라면 우리 머리에는 곧 한국 전통시가 양식인 시조가 떠오른다. 시조는 국민문학파에 의한 개혁운동 이후 새로운 토대를 마련하게 되었다. 이때부터 시조는 고전시가의 인습적인 면을 벗어나 새 시대의 양식이 된 것이다. 諷詩調는 시조의 이런 틀을 이용하려는 듯 보인다.
　諷詩調는 그 의식성향으로 보아 상당히 공격적이며 호전적이기까지 하다. 그 도마 위에는 정치, 경제, 사회, 문화의 문제만이 아니라 개인의 윤리, 도덕적인 사건까지가 가차 없이 올라 난도질당한다. 그런데 많은 경우 諷詩調의 비판, 공격은 예술적 의장을 거치지 않은 가운데 이루어진다. 諷詩調에서 풍(諷)은 수사론에서 풍자를 뜻할 것이며 고전문학의 감각을 곁들이게 되면 풍간(諷諫)과 같은 맥락에서 해석될 말이다. 풍자와 풍간에 역겨운 현실, 아니꼬운 대상을 꼬집고 공격하는 단면이 내포되어 있는 것은 사실이다. 그러나 그런 경우의 비판, 공격은 진술의 형태로 이루어지는 것이 아니라 비유의 형태를 취하는 것이 바람직하다.

풍자문학에서 직접적 언술(言述)이 아니라 간접적인 기법이 이용되는 까닭은 단순하다. 많은 경우 시인이 아니꼽게 생각하는 대상은 한 시대와 사회에서 강한 힘을 가진 개인이거나 집단과 그 부수 형태인 제도나 규범들이다. 그들을 진술의 차원에서 공격하는 경우 작품들은 즉각 압수, 폐기되고 그 제작들은 연행, 구속될 위험에 노출된다. 시와 예술이 노려야 할 것은 이런 자살 특공대식 자기표출이 아니다. 이런 감각이 생산해 낸 전략의 결과가 풍자로 해석되어야 하는 것이다.

諷詩調가 3장 형식을 취한 것에 대해서도 이와 거의 같은 이야기가 가능하다. 諷詩調가 3행시의 형태를 이용한 것은 3행시가 한국 전통 시가를 대표하는 것으로 판단된 결과일 것이다. 새로운 시가운동이 국민문학의 자리에 오른 양식의 특성을 이용하는 것은 슬기로운 일이다. 그러나 이 경우에도 우리는 창작활동에서 기본교의 하나를 기억하고 있어야 한다. 모든 창작활동에서 형태는 묵수될 것이 아니라 새롭게 해석, 개척되어 나가야 한다. 국민문학파의 전례가 가리키는 바와 같이 3장 6구의 시조가 갖는 큰 틀은 긍정적으로 계승될 수 있다. 그러나 그 틀 속에 새로운 시로서의 호흡과 맥박은 끊임없이 재창조되어야 한다.

우리는 모처럼 시도되는 諷詩調 운동이 한국 현대시의 높은 산맥이 되고 푸른 강줄기를 이루어나가기를 희망한다. 이런 소망이 다소간 비판적인 생각을 토로하게 된 셈이다.

■ 시집 평설을 대신해서_諷詩調에 대한 사계의 견해

박진환의 3행 '諷詩調'에 대하여

최원규(충남대 명예교수)

 최근 지속적으로 왕성하게 발표해온 박진환의 삼행시초 '諷詩調'야말로 괄목할만한 한국적 단형시다. 더구나 시대적 상황이 사회적으로 굵직한 이슈를 던져주었던 전변의 정치적 관심이 우리 모두를 끌어들이는 시기와 맞물렸기 때문이기도 하다. 이미 정권 교체에 따른 권력의 갈등에서 겪은 일이지만 대선과정에서 마지막까지 문제가 되었던 BBK 사건, FTA, 숭례문 복원, 대운하 찬반, 광우병 등으로 인한 촛불 시위 범람이 쓰나미처럼 휩쓸고 지나갔으며 아직도 그 여진이 계속되고 있다.
 이렇게 불안한 계절에 시인은 이들의 갈등과 부조리를 외면하고 추상적인 언어를 기반으로 하는 사회적 연대감에서 벗어나 강 건너 불구경만이 순수의 미덕인가. 마땅히 지식인으로 가치판단이나 문화적 선악에 동참, 선도의 언어가 필요해진 것이 너무 당연하다. 하물며 시는 시인끼리 담을 쌓고 그 속에 안주해 있는 모습에서 벗어나 시민과 동참 동행하는 시민의식이 필요하다.

이미 우리 시의 역사 속에서도 한용운, 이육사, 윤동주 그들의 평가에서 볼 수 있듯이 그들의 시에서 우리의 의지와 나라를 걱정하는 애국시가 용솟음치기도 하였다. 그런 점에서 이 시대 박진환의 諷詩調야말로 우리 시단의 중요한 뇌관을 건드린 사건이라고 판단된다.

諷詩調는 삼행이라는 점에서 시조와 같으나 구조나 형태적 특질이 시조의 틀을 벗어났을 뿐만 아니라 어귀나 비유법의 방법을 시조와 달리한다. 한편 화제가 되고 있는 시대적 상황을 직접적인 논의와 평가를 요구하며, 아이러니, 패러독스, 유머로 수용한다. 요컨대 박진환의 '諷詩調'는 업투데이트한 시대적 사회시를 전제한다. 그러므로 그의 '諷詩調'는 작중 인물들의 선행이나 악행의 전제를 제시하며 마지막 행에 이르러서는 개선이나 선과 악의 가치판단의 동참을 요구한다.

박진환의 '諷詩調'는 악과 사의 교정을 위한 화해적 개선이라는 점에서 꼬집고, 비꼬고, 깎아내리고, 비아냥하고 비판, 고발, 폭로를 시의 바탕으로 삼되 마지막 의도는 '순수한 통징'을 감행함으로써 풍자시보다는 한 차원 높은 시적 장치를 갖추고 있다는 점에 주목한다.

박진환은 엄격하거나 거창한 테마를 희극적으로 처리하거나 재미와 멸시, 분노와 냉소의 태도를 환기시킴으로써 그것을 약화시키는 기법을 사용한다. '웃음을 무기로 사용하고 작품의 외부에 존재하는 과녁을 겨냥한다. 그 과녁은 개인적인 일일 수 있고, 어떤 계층이나 제도나 국가나 인류 전체에게까지 할 수 있다'라고 전제한다.

요컨대 화자가 단정하는 외견상 주장과 속으로 의도하고 있는 의미가 서로 다른 진술을 할 때 그 진술은 태도나 평가를 명백히 표현하지만 그것과 매우 다른 태도나 평가를 함축하고 있는 것을 포함하는 것이 아이러니의 기술이라고 보았을 때 박진환의 '순수한 통징'을 암시한다. 발음이 같고 흡사하지만 의미는 전혀 다른 같은 소리에 다른 의미를 갖는 말들은 때로 읽는 이에게 가치판단의 격정적인 한편으로 기울게 하기보다 그것을 유보하며 역지사지(易地思之)의 공평성을 유발시키고 화해성을 유도한다.

박진환은 시적인 재담(equivoque)도 있고 때로 언어유희(pun)도 있지만, 그것들은 읽는 이로 하여금 간담이 서늘해지는 경지까지 유발한다. 때로는 '삶 속의 죽음'이나 '쾌락의 고통', '사랑의 증오'들처럼 메타피지컬포에트(Metaphysical poets)들이 사용한 흔적에 영향되었다고 할 수 있으나 박진환의 경우 경고성의 환기에 더 치중함을 볼 수 있다.

마침내 풍(諷), 시(詩), 조(調) 각개의 문자 의미의 내부를 탐색할 때 모두 언(言) 말씀이 들어있다. 말씀[言]은 글[文]과 구별된다. 글은 논리와 절제를 요구하지만 말[言]은 흘러가는 물과 같이 지형이나 지세에 따라 형태가 변하며 응집한다. 그러므로 흐름의 방향은 같지만 물줄기는 즉흥적이며 당대의 상황에 따라 전변한다.

말씀[言]은 바람[風]과 절[寺]과 두루할 주(周)를 더하여 동서남북, 종횡무진, 당대를 섭렵한다. 그리하여 박진환의 '諷詩調'는 마침내 세상사의 이야깃거리의 중심부에서 주제할 수 있는 정세의 총화와 전환을 암시한다.

박진환의 諷詩調가 꼭 3행이어야 하는가의 문제에 대하여 신중히 생각해야 한다. 다만 어느 민족이고 그 민족의 정서적 흡인력에 의하여 자연 발생적으로 생겨난 정형적 틀이 있어 왔다. 가령 당시(唐詩)의 4언 또는 7언 절시나 영시의 4행시(quatrain), 이행연귀(couplet), 14행시(sonnet) 모두 각운 구조로 결합된 강약음보격의 시행으로 되어 단일시귀(stanja)의 서정시인데 우리의 고유 문학형태의 시형(시조)들이 3장 6귀의 원칙을 고수한 것은 민족적인 고유성과 기풍(Ethos)에 의한 것이라고 믿는다. 다만 박진환의 경우 꼭 우리의 시조를 의식한 3행시는 아니지만(사실 시조와는 그 정형시로 의미구조의 잣대에 맞지 않음) 정형시로서 규율에 맞는 것이 아닌 자유시로서의 의미를 더욱 확대한다.

외형상 3행시로 처리한 것은 압축과 긴장미의 효과를 살리며 음수율에서 체험할 수 없는 탄력을 보여준다.

그리하여 3행시는 우리에게 낯익고 우리 말의 생태적 관습의 순리에 수용된다. 또한 시의 자연스런 형태의 공감이 일반화되었기에 박진환 삼행시가 우리 시단의 충격파를 더해 간다고 생각된다. 그의 3행 諷詩調의 창출은 우리 시문학사의 새로운 원형을 배가시킨 원동력이 될 것이며, 한편 시적 표현 미학에서 잡다한 외래적 수용의 난맥상을 제압하는 데 주요한 길잡이가 될 것이다.

박진환의 3행 '諷詩調'는 시조(時調)와 동자이의어(同字異義語)로 우리에게 새로운 정형성의 모델을 제시한다. 그러므로 우리 현대시가 지닌 무모한 율격이나 시적 주제의 미숙성 또는 혼미성을 극복하는 데 따른 주제시로서 확실한 언덕이 형성된 셈이다.

■ 시집 평설을 대신해서_諷詩調에 대한 사계의 견해

풍시조 읽기

문효치(전 문협 이사장)

　박진환 시인의 諷詩調를 읽었다　풍시조(諷詩調)라는 낯선 이름에 대하여 저자는 풍자시를 줄여 풍시라 하고 거기에 무슨무슨 투나 태도의 뜻으로 조(조調)를 붙였노라고 설명하고 있다. 그러나 諷詩調의 본질은 풍자시일 듯하다.
　우선 재미있다. 식상한 이미지들의 나열이나 아니면 거의 산문화 되어버린 요즘의 시들에 입맛을 잃었는데 이 諷詩調는 매우 신선한 재미를 느끼게 해 준다.
　세상은 부조리와 불합리와 부정 불의 등으로 가득 차 있다. 이러한 세태가 우리를 짜증나게 하고 화나게도 한다. 살맛을 잃게 한다. 정말 살맛을 잃게 하는 재미없는 제재를 박진환 시인은 재미있는 시로 만들고 있다.

　핵, 우리도 그깐거있어 펑펑터지는 국제특허품 不字標 핵 있어
　　　　불평등·불공평·부조리·부정부패·부동산 투기까지

건들면 폭발하는 순 국산 不字標 핵 있다고, 까불고 있어
—「까불고 있어」전문

　불평등 불공평 부조리 부정부패 부동산 투기 등 우리사회에 만연한 부정적 요소들, 이것들은 가히 우리 사회를 파괴시킬 만한 위력을 가지고 있다. 정말 심각한 문제다. 이런 사항들을 '不字標핵'으로 둘러댄 그 재치가 재미있다. 그래서 이 시를 보면 일단 웃음이 난다, 진짜 핵을 '그깐거'라고 대수롭지 않은 존재로 봄으로써 '不字標 핵의 위험성을 한껏 고조시켜 놓았다. 내용은 매우 심각한 문제성을 가지고 있지만 표현된 말들은 우리를 재미있게 해 준다.
　'까불고 있어'라는 끝절은 상대방(진짜 핵을 가진 자)에게 눈을 흘기며 짐짓 어깨를 으쓱거리는 모습을 떠올리게 해 준다. 다소 장난기가 보이는 모습을 연상하면서 시인의 재치를 다시 한번 실감케 해 준다.
　이러한 부조리 불합리한 사태를 능란한 솜씨로 비꼬고 농락함으로써 독자들은 후련한 카타르시스를 느낀다. 내가 미처 하지 못한 앙갚음을 대신 갚아 주는 것 같기도 하고 어쩌면 내 심정을 잘 알아주는 것 같기도 하다.
　이 책은 멸시 분노 증오의 정서를, 비꼼 냉소 조소 조롱 역설 등의 언사로 가득 채워 놓았다. 그러나 궁극으로는 교정·교훈의 의지가 숨겨져 있다.

　　　뭐라구라우, 사람 낳고 돈 낳제 돈 낳고 사람 낳다구라우

> 허허 이 양반 순 구식이네
> 신식으론 돈 낳고 사람 낳제, 사람 낳고 돈 낳고가 아니여
> ―「뭐라구라우」 전문

 돈 낳고 사람 낳은 것은 불변의 진리이다. 그러나 신식으로는 돈 낳고 사람 낳았다고 큰소리친다. 그러나 이것은 역설이다. 화자가 진짜로 하고 싶은 말은 이른바 구식인 '사람 낳고 돈 낳다'는 말이다. 이것이 뒤집힌 세상, 전도된 가치에 대해서 일갈하고 꼬집은 것이다. 그리고 그에 대한 반성과 교정을 꿈꾸고 있는 것이다.
 삼행으로 압축한 단아한 모습의 시형에도 주목하고 싶다. 말 그대로 촌철살인의 짤막한 말이 감동을 준다. 요즈음 장황한 수다를 늘어놓는 시들이 범람하면서 이렇게 간결한 시들이 그리워진다.

> 나라님 물러나면 낙향하여 통나무집 짓고 시나 쓰며 살겠단 말
> 아무래도 허사같다. 시는 말을 아끼고 줄이는 언어경영인 것을
> 저리 말이 헤퍼서야 어찌 말의 진수에 닿을 수 있을지
> ―「아무래도 허사 같다」 전문

 듣기 좋은 수다로 대중들을 현혹하며 실천보다는 말을 앞세우는 정치인을 비꼬며 질타하고 있지만 한 편 짤막한 시론을 엿볼 수 있는 시다. 그렇다. 시는 '말을 아끼고 줄이는 언어경영'인 것이어서 '말이 헤퍼서'는 안 될 일이다.

삼행은 우리의 눈에 익숙하다. 어려서부터 시조를 읽고 배워왔기 때문이다. 물론 시조의 형식에 맞춰 음수율을 조절한 것은 아니지만 그 속에 기승전결의 구조를 가진 것들이 많은 것도 이해하기 쉬운 대목이다.

 지금이 바로 이러한 시들이 필요한 시대인 것 같다. 잡지마다 넘쳐나고 있는 산문조 요설이 시성(詩性)을 잠식하고 있고, 그리고 비꼬고 조롱하고 비난하고 질타해야 될 일들이 많은 세상일수록 그러한 세태를 지적하고 경계하며 교정해야 하기 때문이다. 시가 궁극적으로는 인간을 위하고 옹호하는 것이라면 시가 이러한 일에도 적극 관심을 가져야 할 것으로 생각한다.

■ 시집 평설을 대신해서_諷詩調에 대한 사계의 견해

諷詩調에 나타난 형이상시의 수사법

최규철(시인 · 문학평론가)

들어가는 말

어느 사회학자는 '농경사회의 삶이 시간 잉여(時間剩餘)의 시대였다면 오늘날과 같은 정보화 사회는 시간 기근(饑饉)의 시대'라 했다. 그것은 그 정도로 오늘의 시대가 시간에 쫓기며 살아가는 고속화 시대를 맞이하고 있다는 것이다. 따라서 이러한 고속화 사회에 사는 현대인들의 문학작품에 대한 선호도도 역시 장편소설보다는 단편소설을, 장시보다는 단시를 더 선호하는 경향이 있다. 특히 시에 있어서 현대인들의 구미에 맞는 시는 짧으면서도 그 속에 다분한 내용을 함축함으로써 큰 감동을 주는 시라 하겠다. 이런 시대적 요구에 부응하는 시가 바로 박진환 시인이 착안하고 시운동을 전개하고 있는 諷詩調이다.

諷詩調의 기법은 형이상시의 레토릭(rhetoric)과 흡사한 면이 많다. 컨시트의 기발한 지적 놀라움, 서로 상반된 양극화의 결합과 그 조화, 역설과 반어(反語), 시의 순수한 통징을 통한 내적 울분의 해소와 사회 구조악(構造惡)의 개선 등이 바로 그것이다.

특히 3행시의 짧은 글 속에 함축된 내용과 그 여운을 담기 위해서는 압축적이고 생략적인 구문이 필요하다. 따라서 각 행의 전환 및 반전이 빠르게 전개되는 특색이 있다. 이것은 양극화의 긴장이 팽팽할수록 행과 행의 전환속도가 빠르고 생략과 압축의 미학이 더욱 살아난다.

필자는 그동안 지면을 통해서 3. 4회에 걸쳐 언급해온 諷詩調 시학에 대한 이론을 총괄하고 종합하여 주로 諷詩調의 형이상시적 유사성과 레토릭(rhetoric) 기법의 측면에서 접근해 보고자 한다.

1. 諷詩調의 순수한 통징

諷詩調는 일종의 풍자시의 성격을 띤 시라 하겠다. 풍자시의 사전적인 정의는 부정부패와 비리 현상과 모순 등을 다른 사물에 비유하여 폭로와 공격 일변도의 시를 말한다. 즉 풍자시라고 하는 한자가 풍자할 풍(諷) 찌를 자(刺)로 명시한 바와 같이 모든 죄악상을 어떤 사물로 빗대어 찔러 고통을 가하게 하는 일종의 보복성을 뜻하는 성격을 내포하고 있는 시가 대부분이다. 그러나 諷詩調에서 말하는 순수한 통징의 주된 목적은 諷詩調를 통해서 죄의 아픔을 느끼게 할 뿐만 아니라,

뉘우치고 돌이켜 새롭게 변화하게 하는 데 주력하는 시의 기능을 말한다. 다시 말하자면 죄의 부패성에 대해서 단순히 찌르고 고통을 가하게 하는 데 그치는 것이 아니라 메스를 가하고 수술을 함으로써 병을 낫게 하는 데 그 목적이 있음을 말한다.

그러나 여기서 주의 깊게 보아야 할 것은 수술을 가하되 고통을 없애게 하기 위해 마취제를 동시에 투여하는 방법을 취하고 있다는 사실이다. 즉 유머를 통해서 웃음을 주고 즐거움을 줌으로써 그 고언을 달게 받아들이고 소화시킬 수 있는 기능을 지녔다는 것이다. 諷詩調의 통징이야말로 우리의 뇌에서 일종의 모르핀이나 엔도르핀과 같은 호르몬을 분비하게 함으로써 무통수술을 하게 하고 오히려 미묘한 시적 희열을 주게 하는 절묘한 수술비법을 의미하고 있다. 諷詩調의 작가들은 이런 諷詩調의 순수한 통징의 특성을 숙지하고 이러한 순수한 통징의 기능을 살리는 데 노력해야 할 것이다. 諷詩調에서 이러한 순수한 통징이 살아있지 못한다면 그것은 諷詩調로서의 시적 역할을 다한 시라 볼 수가 없다. 諷詩調의 생명이 바로 여기에 있다 할 수 있기 때문이다.

참으로 諷詩調의 순수한 통징이야말로 오늘과 같은 종말론적인 징조를 토로하고 인류의 구원을 갈구하게 하는 시대적 사명의 성격을 띤 시라 하겠다. 현대사회는 갈수록 첨예한 양극화 조성으로 인한 양자구도의 대립상이 심화되고 있다. 오늘날 정치 경제 사회 문화 전반에 걸친 인류사회의 갈등과

분쟁이 바로 이런 극단적인 양극화 현상에서 오는 결과라 하겠다. 그렇다면 현대시가 어느 때까지 이를 외면하고 오히려 음풍농월(吟風弄月)만을 일삼아야 하겠는가. 시가 인생문제로 깊이 들어가서 이런 양극화 문제를 해소하고 하나로 융합하는 화해와 일치의 시학으로 발전해가야 할 것이 아닌가. 그러한 의미에서 諷詩調 운동의 필연성이 강조된다.

더욱이 환경오염으로 인한 생태계의 훼손과 대기오염으로 인한 오존층의 파괴, 그리고 지구 온난화에서 발생하는 엘니뇨현상 등으로 인류의 생존 문제에 심각한 적신호가 켜있다. 이런 각박한 상황에서 탈출하기 위한 녹색시학 운동의 전면에 諷詩調가 자리하고 있음을 알 수 있다.

시인은 예언자적인 예리한 눈을 자지고 미래사회의 변화를 직시하면서 오늘의 잘못된 과오를 지적 감동을 통해서 깨닫게 하는 순수한 통징에 무한한 관심을 쏟아야 한다.

> 세상이 왜 이러나 유행병처럼 자살·자살·자살
> 마음 한 번 고쳐먹으면 살자·살자·살자가 되는데
> 뭐 그리 좋은 거라고 일편단심 자살이람
> — 박진환의 「뭐 그리 좋은 거라고」

한국인의 자살률이 OECD 30개 회원국 가운데 1위를 기록하는 불명예를 안고 있다. 연예계의 인기 스타들과 대기업의 총수들이 잇따라 자살을 하고 심지어 전직 대통령까지도 스스로 목숨을 끊음으로써 사회적 충격이 크다.

박진환 시인의 諷詩調「뭐 그리 좋은 거라고」는 1행의 자살·자살·자살이라고 하는 부정적인 죽음의 개념과, 2행의 '살자·살자·살자'라고 하는 긍정적인 생명의 개념을 양극구도로 서로 거꾸로 뒤집어 대치해 놓음으로써 기발한 위트와 유머를 돋보이게 한다. 이러한 諷詩調의 기능이야말로 격한 자살충동을 완화시켜 줄 뿐 아니라 생에 대한 강력한 의욕까지도 유발하게 하는 시적 감동을 가능케 한다. 여기서 諷詩調의 풍자 속에 담고 있는 간절한 회심에의 바람이 '마음 한번 고쳐먹으면'이란 말로 표현되고 있다. 이것이 바로 諷詩調가 지닌 순수한 통징의 힘이다.

> 피를 빨아 먹는 모기 잡는데 의견이 분분하다
> 정치가 어떻고 법이 어떻고 대통령이 어떻고
> 입으로 모기 잡나? F킬라를 뿌려야지
> ― 박진환의「입으로 모기 잡나」

이 시는 그 제목부터가 웃음을 터트리게 하는 유머가 있어 마음을 끈다. 이 시 속에 감추어 있는 암시성과 시사성(示唆性)이 모기와 F킬라라고 하는 기발한 메타포를 통해서 큰 감동을 준다. 정계와 법조계의 부패상을 바로잡는, 즉 '피를 빨아 먹는 모기를 잡는데'에는 입으로 하는 설왕설래(說往說來)로써는 근절될 수 없다는 것이다. 특히 수사법 중에서 변화법의 하나인 '입으로 모기잡나?'라고 하는 설의법으로써 F킬라라고 하는 정답을 독자에게 물어 찾아내게 하는 레토릭으로

써 스스로 개혁의지를 촉발하게 하는 순수한 통징이 돋보인
다. 찌르고 자르고 쪼게는 메스질이 가해짐에도 불구하고 뇌
에서 분비되는 모르핀을 통해서 즐거운 마음으로 웃고 수긍
이 가능케 하는 회심과 변혁의 비법이 있다.

2. 諷詩調가 갖는 컨시트의 특색

형이상시의 컨시트(奇想, conceit)는 형이상시의 특징 중에서
가장 중요한 특징의 하나라 할 수 있다. 외견상 전혀 유사성
이 없거나 상반되고 양극화된 사물이나 상황들을 재치 있고
기발한 방법으로 결합하여 소위 사무엘 존슨(Samuel Johnson)
이 언급한 '부조화의 조화'를 이루게 하는 비유적인 수사법을
말한다.

그러나 諷詩調에서 보여주는 컨시트의 특색은 형이상시에
서 말하는 그것과는 사뭇 다른 양태의 컨시트를 볼 수 있다.
3행시 구문의 생략적인 특성 때문에 행과 행, 낱말과 낱말,
심지어는 문자와 문자로부터 서로 상반된 사물이나 개념의
명칭과 발음 등을 찾아내고 거기서 특별한 의미성을 유추하
여 또 다른 의미를 창출해내는 언어유희적인 기발한 컨시트
를 선보이고 있다. 이런 관점에서 볼 때 諷詩調의 컨시트는
단순히 두 가지 사물이나 개념을 교묘하게 결합하여 뜻밖의
유사성을 찾는 기존의 형이상시의 컨시트와는 다른 특성을
지니고 있다고 하겠다.

> 대통령 국정평가 잘했다가 44.2% , 못했다가 41.1%
> 막상막하, 정치란 게 그래
> 上 뒤집으면 下 되고, 下 뒤집으면 上 되거든
> ― 박진환의「物神時代 · 216」

 국민이면 누구나 알게 모르게 다 정치에 젖어 살면서 나름대로의 정치철학, 내지 생활철학을 가지고 있다. 그래서 3행에서 '정치린게 그래'라 토로한다. 이런 지적 깨달음을 풍자적으로 소화시켜 표현하기란 그리 쉬운 일은 아니다. 이런 이유 때문에 민감한 사안을 받아들여 유머로 웃어넘길 수 있고, 감동 받아 깨달음을 갖게 하는 諷詩調의 기법에 주목할 수밖에 없다. 그래서 諷詩調가 지적이며 문화적인 통징을 가져오게 하는 첩경이라 여겨진다.

 이 시에서 놀라운 기지의 발산은 2~3행에 있다.'막상막하, 정치란게 그래 / 上 뒤집으면 下 되고, 下 뒤집으면 上 되거든'에서 '막상막하(莫上莫下)'의 上과 下의 문자를 세웠다 뒤집었다 하면서 요동치는 정치판의 불안정성을 꼬집는, 재기(才氣)가 번뜩이는 컨시트를 선보이고 있다. 여기서 다만 上·下라고 하는 양극성의 문자를 가지고 세웠다 뒤집었다 하면서 엉뚱하게 결합한 결론이 「정치란게 그래」로 귀결한다. 이렇게 諷詩調의 컨시트는 동떨어진 개념이나 이미지를 결합하는 데 그치는 것이 아니라, 서로 상반된 단순한 두 개의 문자로써 새로운 제3의 개념을 형성하게 한다. 이런 관점에서

諷詩調의 컨시트는 보다 다양하고 발전된 성격의 것이라 볼 수 있다.

> 박지성·박주영의 꼴은 오 코리아
> OECD국 중 환경평가 맨 꼴찌의 꼴은 어이쿠 코리아
> 둘 다 꼴은 꼴이다마는 뒤에 꼴은 노꼴만도 못해서
> — 박진환의 「物神時代·191」

지금 지구촌은 환경오염으로 인해서 점차로 죽어가고 있는 실정인데 우리나라가 OECD국 중에서 환경평가 최하위라 한다. 이 시에서는 이런 실정을 풍자적으로 꼬집고 있는데, 1~2행에서는 축구의 '꼴인'과 환경평가의 '꼴찌'란 서로 유사성이 없는 언어들을 관련 지워 '오 코리아'와 '아이쿠 코리아'라는 서로 반대되는 개념의 언어로 대비시켰고, 3행에서는 꼴찌의 '꼴'을 '노꼴'이라는 상충·상반되는 개념과 연관시킴으로써 '둘다 꼴은 꼴이다마는 뒤엣 꼴은 노꼴만도 못해서'라는 순발력 있는 기지(wit)를 보여준다. 동시에 더 나가서는 축구의 '꼴'과 환경평가 꼴찌라는 '꼴'의 두 글자들을 교모하게 결합한 諷詩調의 컨시트의 진수를 보여주고 있다.

3. 諷詩調의 양극화 기법

또 한 가지 諷詩調에서 가장 두드러지게 나타나는 특징 중의 하나가 양극화 현상이다. 그러기 때문에 諷詩調의 컨시트

는 동떨어지고 상반된 가장 먼 거리의 양극성을 폭력적으로 결합하는 과정이나 패러독스와 아이러니의 양면성에서 오는 강한 텐션이 諷詩調로 하여금 그만큼 응축된 의미의 비유가 되게 한다.

> 걸핏하면 여·야 율사들 발목잡느니, 발목잡히느니 해쌌는디
> 뿌리치고 혼자만 가려고 하니 그러지, 동행해봐, 왜 발목잡나
> 잡혀 부러지면 목발신세 못면해, 발목 거꾸로 해봐 목발이지
> — 박진환의「발목 거꾸로 하면 목발이지」의 전문

 분쟁과 불화의 결과가 발목이 목발로 바뀌는 기발한 발상, 곧 생명체를 비생명체로 둔갑시키는 대담한 컨시트의 수사법이 놀라움을 준다. 그 외에도 여·야 율사들, 발목잡느니 발목잡히느니, 발목과 목발 등의 양극화가 이 諷詩調 전면에서 팽팽한 긴장을 조성시켜주고 있다, 거기다가 본래 여·야가 대치하는 정치구도, 그것만으로도 양극의 역학관계를 유지하는 긴장상태인데 여기에 분쟁과 충돌이 생기면 발목이 목발이 되는 더욱더 팽팽한 긴장관계를 촉발한다. 그래서 이 諷詩調는 웃기면서도 여·야가 정치적 협력관계를 잘 유지해야만 나라가 산다는 통징적인 메시지도 담고 있는 시이다.

> 악법·약법, 청문회, FTA로 여·야 붙어도 한판 크게 붙겠다
> 탓하지 말 것이 싸워야 국회답지 잠잠하면 그게 더 두려워
> 마찬가지야, 아이들도 싸움질하면서 크지 않던가

— 박진환의「아이들도 싸우면서 커」

이 諷詩調는 빈번히 일어나는 국회의원들의 성숙하지 못한 의결과정에서의 난투극을 한 마디로 꼬집은 시이다. 아이들이 싸우면서 커가듯이 국회의원들도 싸우면서 커가야만 하는가 하는 시인의 통탄이 곁들어있는 시이다. 가장 성숙해야 할 국회의원들과 가장 성숙하지 못한 나이인 어린이들의 양극현상을 동류부류로 간주하여 이질성 속의 유사성을 찾는 시인의 기지가 번쩍인다. 여기에는 양극간의 이질성이 유사성으로 바뀌는 과정에서 서로 잡아당기는 강력한 텐션도 드러나 있다. 「싸워야 국회답지」에서는 국회가 싸움판이 되어서야 되겠는가 하는 아이러니의 성격을 띤 레토릭도 있고 국회가 변화되기를 촉구하고 갈망하는 통징도 들어있다.

4. 諷詩調의 구조와 그 전환속도

형이상시에서와 마찬가지로 諷詩調에서도 생략된 구문을 씀으로써 의미의 탄력과 밀도를 더하게 하고, 또한 집약적 표현으로써 시의 단축을 꾀하는 기법을 강조한다. 그 결과 시 전개과정에서 그 전환 속도가 빨라지기 마련이다. 그래서 시의 구조가 3행시로 되어 있고 따라서 행의 길이가 짧으면 짧을수록 생략적 효과가 살아나서 함축성이 있는 시가 된다.

諷詩調는 평시조(平時調)와 같은 초장 중장 종장의 3행 형식의 구조이면서도 3장 6구 12음보의 정형시에 매이지 않은 자유시요, 동시에 평시조보다 더 빠르고 생동감이 있는 기승전결(起承轉結)의 전개가 있다. 따라서 諷詩調의 함축성과 텐션을 살리기 위해서는 될 수 있는 대로 행의 자수(字數)를 줄이고 생략하는 것이 좋다.

침묵이 金이라고? 순 구식
요즘 세상에선 말 잘해야 출세해
신식으론 침묵은 禁이야
— 박진환의 「침묵은 禁이야」

1행의 金이 3행에서는 禁으로 바뀐다. 1행에서 침묵은 金이란 말은 구식이요, 3행에서는 침묵이 禁이란 말로 바뀐 것이 신식이라는 것이다. '요즘 세상에선 말 잘해야 출세해'라는 새로운 진리(?)를 발견하고 시대와 더불어 급속히 변하는 처세술의 격세지감을 실토한 시라 하겠다. 또 이 시 속에는 침묵이 금(金)이었던 옛 시대가 참이요 말을 잘해야 출세한다는 현 시대가 잘못된 것이라는 시사성(示唆性)이 들어 있다. 諷詩調가 그 짧은 시로써 현시대의 많은 모순과 부조리를 다 압축하여 표현할 수 있는 것은 오로지 3행시 속에 짧은 행으로 모든 것을 소화시킬 수 있는 수용성(受容性)과 빠른 전환기능을 지탱할 수 있는 메커니즘에서 온 것이다.

銅臭에 코피터진 놈이

> 銅醉로 게워내는 주정
> 뭘 쳐다봐, 너나 나나 다를 것이 없는데
> — 박진환의 「物神時代・68」

이 시는 銅臭와 銅醉를 병치하고 3행에서 '뭘 쳐다봐, 너나 나나 다를 것이 없는데'로 동류화((同類(化))시킨 해학적인 기법이 눈을 끈다. 銅臭란 말의 뜻은 돈으로 출세를 하려고 하거나 모든 것을 해결해 보려고 하는 물신주의자들을 낮잡아 하는 말인데 오늘날은 술로써 출세를 하려고 하거나 모든 문제를 해결하려고 하는 銅醉도 많다는 것이다. 銅臭와 銅醉의 내용이 담고 있는 절묘한 조화가 압축되어 이 짧은 諷詩調 한 편을 창구로 하여 오늘의 모든 시대상을 한 눈으로 볼 수 있다.

그러나 풍조시에서 행의 자수를 줄이고 표현의 생략적인 효과를 극대화하려는 경제적인 언어구사는 아무나 할 수 있는 것이 아니다. 허다한 諷詩調에서 발견할 수 있는 것은 행이 짧으면 그 표현과 의미성도 부실한 경우가 많다는 것이다. 따라서 諷詩調는 자수(字數)를 최소화하면서도 그 함축성을 최대화할 수 있는 기법이야말로 바로 諷詩調의 완성도를 높이는 첩경임을 알게 된다.

맺는 말

이상과 같이 諷詩調에서 보이는 수사법상의 기법이 형이상시의 그것과 유사한 점이 많다는 것을 알 수 있다. 그러나 그 구조적인 측면에서 볼 때 형이상시보다는 시가 짧고 컨시트도 형이상시보다는 언어유희의 측면에서 독특하고 문자유희의 면에서도 독보적인 경지를 보이고 있는 시라는 것이다. 諷詩調의 대부분이 명확한 양극화 구조로 되어 있고 상반되고 동떨어진 개념이나 사물을 결합하여 부조화의 조화를 이루고 있다. 또한 3행시의 짧은 시로서 생략적이고 압축적인 기법을 통해서 고도의 밀도감을 조성하기 위해 언어와 언어, 행과 행을 교합하여 전개되는 전환속도가 유달리 빠른 것도 그 특징 중의 하나라 하겠다. 이런 시의 특징 때문에 앞으로 諷詩調가 우리나라 문학의 한 장르를 이루고 발전하여 보다 큰 문학성을 발휘하는 날을 기대하여 마지않는다.

조선문학사시인선 930

諷詩調詩集 · 439

도치통사초 · 9

2024년 9월 5일 인쇄
2024년 9월 15일 발행

지은이 / 박진환
발행인 / 박진환
펴낸곳 / 조선문학사
등록번호 / 1-2733
주소 / 03730 서울 서대문구 통일로 389(홍제동)
전화 / 02-730-2255
팩스 / 02-723-9373
E-mail / chosunmh2@daum.net

ISBN 979-11-6354-300-8

정가 10,000원

※ 인지는 저자와 합의 하에 생략
※ 잘못된 책은 서점에서 교환해 드립니다.